Kulinarisch Literarisch

DICHTER ÜBER DAS KOCHEN, BACKEN UND GENIESSEN

Jan Thorbecke Verlag

INHALT

EIN MENSCH
BEIM ESSEN
IST EIN GUT
GESICHT

Ein Mensch beim Essen ist ein gut Gesicht,
wenn er nichts denkt und nur die Kiefer mahlen,
die Zähne malmen und die Blicke strahlen
von einem sonderbaren Urweltlicht.

Vorspeisen sind wie Segel über Buchten,
schlank und zum Hafen schnellend in erregter Fahrt,
indes die schweren Fleischgerichte wuchten
gewaltig über Wiesen und Gemüsen zart.

Welch ein entzückendes Spiel: zu hohen Festen
erlesener Bissen Liebreiz zu erflehen,
und welche Lust: sich mächtig vollzumästen
satt und mit Saft gefüllt vom Hals bis zu den Zehn.

Fischfleisch ist weiß und heilig oder rosen,
und manchmal rauchgebeizt und lauchgewürzt.
Auch kleine Fische gibt's in blanken Dosen,
die man wie Schnäpse jach hinunterstürzt.

Wildbret: Du Perle Cumberlands, von edler Fäule
und nackter Horden rohgebratner Fraß!
Wohl dem, der Schneehuhn oder Rentierkeule
(gespickt mit Sahne) hoch im Norden aß.

Beefsteak tatare ist fast so stark an Gnade
wie ein am Grill gebratnes Lendenstück
und viele Götter leben im Salate,
saftrot und samenkerngeschwellt das Weib Tomate,
und grünes Kraut im Frühling ist ein kühles Glück.

Wenn Du Kartoffeln oder Spargel ißt,
Schmeckst Du den Sand der Felder und den Wurzelsegen.
Des Himmels Hitze und den warmen Regen,
die kühlen Wässer und den warmen Mist.

Lasst mich hier schweigen vom Besoffensein,
vom tiefsten, tödlichsten Hinübergleiten,
vom hellsten, wachsten Indiewindereiten,
die Welt ist groß und unser Wort ist klein.

Lasst mich hier schweigen von dem Blutgericht
geheimster Liebe in verrauschten Zeiten –
lasst mich nur essen, dankbar und bescheiden –
ein Mensch beim Essen ist ein gut Gesicht.

Carl Zuckmayer (1896–1977)

WINTERLIED

Ich hab die ganze Nacht vertan
mit den alten Weibern am Küchenherd.
Ihre schönen Geschichten bis in die Früh,
die waren nicht verkehrt.

Wir aßen schwarzes Brot mit Schmalz
und in die Nase ein Wein
und einen krebsrotfröhlichen Hals
beim Küchenfeuerschein.

So saß ich bis in den Morgen hin
und hörte so viel, so viel.
Zu Haus lag meine junge Frau
allein und winterkühl.

WOLF BIERMANN (GEB. 1936)

PFANN-KUCHEN UND SALAT

Von Fruchtomletts da mag berichten
Ein Dichter aus den höhern Schichten.
Wir aber, ohne Neid nach oben,
Mit bürgerlichen Zungen loben
Uns Pfannekuchen und Salat.
Wie unsre Liese delikat
So etwas backt und zubereitet,
Sei hier in Worten angedeutet.

Drei Eier, frisch und ohne Fehl,
Und Milch und einen Löffel Mehl,
Die quirlt sie fleißig durcheinand
Zu einem innigen Verband.
Sodann, wenn Tränen auch ein Übel,
Zerstückelt sie und mengt die Zwiebel
Mit Öl und Salz zu einer Brühe,
Dass der Salat sie an sich ziehe.

Um diesen ferner herzustellen,
Hat sie Kartoffeln abzupellen.
Da heißt es, fix die Finger brauchen,
Den Mund zu spitzen und zu hauchen,
Denn heiß geschnitten nur allein
Kann der Salat geschmeidig sein.
Hierauf so geht es wieder heiter

Mit unserm Pfannekuchen weiter.
Nachdem das Feuer leicht geschürt,
Die Pfanne sorgsam auspoliert,
Der Würfelspeck hineingeschüttelt,
So dass es lustig brät und brittelt,
Pisch, kommt darüber mit Gezisch
Das ersterwähnte Kunstgemisch.
Nun zeigt besonders und apart
Sich Lieschens Geistesgegenwart,

Denn nur zu bald, wie allbekannt,
Ist solch ein Kuchen angebrannt.
Sie prickelt ihn, sie stockert ihn,
Sie rüttelt, schüttelt, lockert ihn
Und lüftet ihn, bis augenscheinlich
Die Unterseite eben bräunlich,
Die umgekehrt geschickt und prompt
Jetzt ihrerseits nach oben kommt.

Geduld, es währt nur noch ein bissel,
Dann liegt der Kuchen auf der Schüssel.
Doch späterhin die Einverleibung,
Wie die zu Mund und Herzen spricht,
Das spottet jeglicher Beschreibung,
Und darum endet das Gedicht.

WILHELM BUSCH (1832–1908)

NÄHR DICH, O MENSCH, VERSTÄNDIG

Nähr dich, o Mensch, verständig.
Mit einem Wort: erkenn dich.
Nach Liebig lern ermessen,
was dir gebührt zu essen.
Fettbildner sind, das merke:
Fett, Zuckerstoff und Stärke;
Blutbildner sind im ganzen
Die Proteinsubstanzen…
Dass Knochen sich erneuern,
Bedarfst du Alk und Säuren;
D'rum mische klug und weise
Dergleichen in die Speise.
Und also iss und lebe,
Ersetzend dein Gewebe,
Und denk in allen Fällen:
Wie bild ich neue Zellen?

JOHANNES TROJAN (1837–1915)

REZEPT ZUM RUSSISCHEN SALAT

I.
Drei Pfund Rindfleisch hackt man klein,
Tut das in ein' Hafen h'nein,
Etwas Pfeffer, etwas Salz,
Dazu einen Löffel Schmalz.
Drei Zitronen, ohne Kern' –
Den Geschmack, den hat man gern –
Kalte Soß vom Rehragout
Schüttet man dem Ganzen zu.
Auch Leberkäs' und Honig,
Sardinen und Spinat,
Gefärbte Eierschalen
Mit Mandelschokolad'.
Auch Paprika und Erdbeer',
Zwei Liter Lebertran,
Drei Pfund gesott'ne Erbsen
Vermischt mit Marzipan.
Schweizerpill'n und Sauerkraut,
Zungenwurst mitsamt der Haut,
Naphthalin und Wagenschmier',
Feingeschnitt'nes Glaspapier,
Ananas und Karfiol,
Bismarckhering und Odol,
Essiggurken, Fliegenleim,
Das kommt alles mit hinein.
Und dazu noch Blutorangen und Zibeb'n
Müssen obendrein noch das Aroma heb'n.
Makkaroni, g'schnitt'ne Nudeln, kalten Brat'n, Lüneburger,
Kokusnüss' und Schwartenmag'n.

II.
Ist nun alles das dabei,
Fehlt es noch an mancherlei.
Lorbeerblätter und Zwieback,
Die erhöhen den Geschmack;
Kletzenbrot und Glyzerin,
Zwetschgenmus und Terpentin,
Kandiszucker und Forell'n
Dürfen auch dabei nicht fehl'n.
Auch Malzkaffee und Rollmops,
Zichorie und Zement'
A Messerspitz' voll Streusand,
Gewiß nicht schaden könnt'.
Bananen, Aprikosen
Nebst Himbeerlimonad',
Dazu 'nen kleinen Löffel
Voll Messerputzpomad.
Schnupftabak und Stachelbeer'
Gelbe Rüben, Kirschlikör,
Eierkognak, Nelken, Zimt
Man auch zu der Sache nimmt.
Kaviar und Cervelat,
Birn- und Pflaumenmarmelad',
Noch dazu zwei Flaschen Sekt'
Das erfordert das Rezept.
Heu und Stroh, auch Hafnerlehm und Bügelkohl'n
Und ein Paar ganz fein geschnitt'ne Hausschuhsohl'n,
Harte Semmelbrocken, eingeweicht in Teer,
Das ist noch nicht alles, 's kommt schon noch viel mehr.

III.
Hetschebetsch und Parmesan,
Bauerng'selcht's und saurer Rahm,
G'sundheitskuchen, Petersiel,
'ner zerhackter Besenstiel,
Zwiebelzelt'ln, Kreosot,
Zigarrenstumpen und Kompott,
Ziegelsteine, pulv'risiert,
Werden mit hineingerührt;
Rebhühner und Fasanen,
Auch Fensterkitt und Gips,
Zwei ganze Faschingskrapfen,
Garniert mit Stiefelwichs,
Leoniwurst und Bleiweiß,
Parkettbod'nwachs und Reis
Ölfarb' und Anguilotti,
Zwei junge, weiße Maus',
Sauerkraut und Sellerie,
Rettich und Fromage de Brie,
Knoblauch, Spargel und Stearin,
Weichselsaft und Zacherlin,
Kaisertinte, Schusterpapp,
Apfelmus und Salmiak,
Auch Briketts und Anthrazit,
Platzpatronen, Dynamit.
Ist dann alles drinn, was ich soeb'n diktiert,
Wird das Ganze mit dem Löffel umgerührt,
Glauben Sie sicher, es schmeckt wirklich delikat.
Sehn Sie, so entsteht der komische Salat.

KARL VALENTIN (1982–1948)

BRENNNESSEL, VERKANNTES KRÄUTLEIN

Brennnessel, verkanntes Kräutlein, Dich muss ich preisen,
Dein herrlich Grün in bester Form baut Eisen,
Kalk, Kali, Phosphor, alle hohen Werte,
Entsprießend aus dem Schoß der Mutter Erde,
Nach ihnen nur brauchst Du Dich hinzubücken,
Die Sprossen für des Leibes Wohl zu pflücken,
Als Saft, Gemüse oder Tee sie zu genießen,
Das, was umsonst gedeiht in Wald, auf Pfad und Wiesen,
Selbst in noch dürft'ger Großstadt nahe Dir am Wegesrande,
Nimms hin, was rein und unverfälscht die gütige Natur
Dir heilsam liebend schenkt auf ihrer Segensspur!

Heinrich Hoffmann (1809–1894)

SALATREZEPT

Fünf Köpfe bringen einen guten Salat zustande:
Ein Geizhals, der den Essig träufelt,
ein Verschwender, der das Öl gibt,
ein Weiser, der die Kräuter sammelt,
ein Narr, der sie durcheinander rüttelt,
ein Künstler, der den Salat serviert.

Jean Anthelme Brillat-Savarin (1755–1826)

DER JUNKER
UND SEIN KOCH

Sechs Gäste, Hans, bekomm ich morgen,
Sprach Junker Veit zu seinem Koch;
Du magst für eine Mahlzeit sorgen:
Geh, schlacht ein Kalb. Was wollt ihr doch,
Rief Hans, mit einem ganzen Kalbe
Für sechs? der Rest wird euch zum Aas,
Bei dieser Hitze. Weißt du was,
Sprach Veit, so schlachte nur das halbe.

GOTTLIEB KONRAD PFEFFEL (1736–1809)

WEISSE RÜBENSUPPE

Rindfleisch schlage, stampfe, klopfe,
Brüh es ab im irdnen Topfe,
Spargelschnitzel, Portulacke
Nimm aus sauberm Sommersacke,

Morcheln, eine ganze Sippe,
Ziehe von der Fensterstrippe,
Petersilie, Kohl vom Wirsich,
Sellerie (den »Bowlenpfirsich«),

Gelbe Möhren, große, runde,
Lass sie kochen eine Stunde,
Lass sie kochen, bis die Trübe
Klar sich schäumt, dann Rübe, Rübe,
Weiße Rübe schnell hinein,
Und so wird's gelungen sein.

THEODOR FONTANE (1819–1898)

WIE WÄRE ES MIT EINEM BORSCHTSCH?

Man nehme erstens zirka sieben
Fein abgeschälte rote Rüben.
Dann hacke man den Weißkohl klein,
Tu Zwiebel, Salz und Essig rein.
Mit Hammelfleisch muss das nun kochen,
Auf kleiner Flamme, sieben Wochen.
Jetzt Kaviar mit Wodka ran
Nebst Zimt und frischem Thymian.
Nun schüttet man das Ganze aus
Und ißt am besten – außer Haus.

MASCHA KALÉKO (1907–1975)

DER
SUPPEN-
KASPAR

Der Kaspar, der war kerngesund,
Ein dicker Bub und kugelrund,
Er hatte Backen rot und frisch;
Die Suppe aß er hübsch bei Tisch.
Doch einmal fing er an zu schrein:
»Ich esse keine Suppe! nein!
Ich esse meine Suppe nicht!
Nein, meine Suppe ess' ich nicht!«

Am nächsten Tag – ja sieh nur her!
Da war er schon viel magerer.
Da fing er wieder an zu schrein:

»Ich esse keine Suppe! nein!
Ich esse meine Suppe nicht!
Nein, meine Suppe ess' ich nicht!«

Am dritten Tag, o weh und ach!
Wie ist der Kaspar dünn und schwach!
Doch als die Suppe kam herein,
Gleich fing er wieder an zu schrein:
»Ich esse keine Suppe! nein!
Ich esse meine Suppe nicht!
Nein, meine Suppe ess' ich nicht!«

Am vierten Tage endlich gar
Der Kaspar wie ein Fädchen war.
Er wog vielleicht ein halbes Lot –
Und war am fünften Tage tot.

Heinrich Hoffmann (1809–1894)

NISAMI

Man hat mir eine Sklavenseele eingebaut
Von Kindheit an: des Weibes Seele.
Die gibt in mir noch immer Laut
Und flüstert mir, was ich verfehle,
An Pflichterfüllung schuldig bleibe.
Kein Alibi gilt, daß ich schreibe.
»Aber das Haus ist nicht gefegt!"
Und wenn ein Dichter mich bewegt
Und ich ihm folge selbstvergessen,
Schreckt mein Gewissen mich: kein Essen
Gekocht! Ich überstürze
Mich in die Küche und erfinde,
Vermittels flammender Gewürze,
Speisen, an denen selbst der Blinde
Erkennt, daß er im Orient ist.
So geht's wenn man Nisami liest

Und auf Basaren persisch handelt …
Hat man sich dann zurückverwandelt
Ins angestammte Weibsgeschlecht
(In einer Rolle Koch, Magd, Knecht)
Reuig, als ein geheimer Sünder,
Verbrühn als Folge sich die Münder
Mann, Söhne und die Küchengäste,
Und das Gewissen hat Maläste,
Weil es das nicht entwirren kann:
Bei Leibe Weib, im Geiste Mann,
Der gehn will, ohne Rechenschaft
Von seinen Handlungen zu geben.
(Ich sammle grade alle Kraft,
Die Sklavin in mir totzuleben.)

Eva Strittmatter (1930–2011)

ABSCHIEDSWORTE
AN PELLKA

Jetzt schlägt deine schlimmste Stunde,
Du Ungleichrunde,
Du Ausgekochte, du Zeitgeschälte,
Du Vielgequälte,
Du Gipfel meines Entzückens.
Jetzt kommt der Moment des Zerdrückens
Mit der Gabel! – Sei stark!
Ich will auch Butter und Salz und Quark
Oder Kümmel, auch Leberwurst in dich stampfen.
Musst nicht so ängstlich dampfen.
Ich möchte dich doch noch einmal erfreu'n.
Soll ich Schnittlauch über dich streun?
Oder ist dir nach Hering zumut?
Du bist so ein rührend junges Blut. –
Deshalb schmeckst du besonders gut.
Wenn das auch egoistisch klingt,
So tröste dich damit, du wundervolle
Pellka, dass du eine Edelknolle
Warst, und dass dich ein Kenner verschlingt.

JOACHIM RINGELNATZ (1883–1934)

KARTOFFELLIED

Pasteten hin, Pasteten her,
was kümmern uns Pasteten?
Die Kumme hier ist auch nicht leer
und schmeckt so gut als *bonne chère*
von Fröschen und von Kröten.

Und viel Pastet und Leckerbrot
verdirbt nur Blut und Magen.
Die Köche kochen lauter Not,
sie kochen uns viel eher tot;
Ihr Herren, lasst Euch sagen!

Schön rötlich die Kartoffeln sind
und weiß wie Alabaster!
Sie däun sich lieblich und geschwind
und sind für Mann und Frau und Kind
ein rechtes Magenpflaster.

MATTHIAS CLAUDIUS (1740–1815)

SANG AN DIE FRÜHKARTOFFEL

Die ersten Veilchen sind für das Gemüt,
im jungen Frühling, wenn die Finken schlagen,
doch wenn der Sommer in die Lande zieht,
der Frühkartoffel klingt mein schönstes Lied,
aus allertiefstem, dankerfülltem Magen.

Sie hat uns in der höchsten Not erfreut,
wenn alle Reste schon zu schwinden drohten.
Sie hat den Glauben wiederum erneut,
und wenn auch nur mit Körnlein Salz bestreut,
wir grüßten sie als ersten Ernteboten.

Wenn auf dem Teller vor uns, dampfend heiß,
die Frühkartoffel ruht so zart und mehlig,
im Petersilienschmuck ihr Alabasterweiß,
da lacht das Herz, der Mund spricht Lob und Preis,
der Bauch hat ausgeknurrt und lächelt selig.

Wie herrlich, wenn sie uns entgegenrollt,
frisch aus der braunen, warmen Erdenscholle.
Sie ist uns mehr als blankes, pures Gold.
Es sei ihr unser Gruß und Dank gezollt,
der lehmbeklebten Frühkartoffelknolle.

FRED ENDRIKAT (1890–1942)

DER VERARMTE FEINSCHMECKER

Die Trüffel reift in Frankreichs Gauen,
Verborgen in der Erde Schoß.
Allein für mich, auf märk'schen Auen,
Wächst die Kartoffel bloß.

Es glänzt verlockend in der Sonne
Böhmens Fasan mit hellem Schein …
Für mich blinkt in des Krämers Tonne
Ein Hering mager nur und klein.

HEINRICH SEIDEL (1842–1906)

SCHLARAFFEN-
LAND

Kommt, wir wollen uns begeben
jetzo ins Schlaraffenland
seht da ist ein lustig Leben
und das Trauern unbekannt
seht da lässt sich billig zechen
und umsonst recht lustig sein
Milch und Honig fließt in Bächen,
aus den Felsen quillt der Wein

Alle Speisen gut geraten,
und das Finden fällt nicht schwer
Gäns und Enten gehen gebraten
überall im Land umher
Mit dem Messer auf dem Rücken
läuft gebraten jedes Schwein.
Oh wie ist es zum Entzücken,
Ei, wer möchte dort nicht sein.

Und von Kuchen, Butterwecken,
sind die Zweige voll und schwer
Feigen wachsen in den Hecken,
Ananas im Busch umher
Keiner darf sich mühen und bücken,
alles stellt von selbst sich ein
Oh, wie ist es zum Entzücken,
Ei, wer möchte dort nicht sein.

Und die Straßen allerorten,
jeder Weg und jede Bahn
sind gebaut aus Zuckertorten,
und Bonbons und Marzipan
Und von Brezeln sind die Brücken,
aufgeführt gar hübsch und fein
Oh, wie ist es zum Entzücken,
Ei, wer möchte dort nicht sein.

Ja, das mag ein schönes Leben,
und ein herrlich Ländchen sein
Mancher hat sich hinbegeben,
aber keiner kam hinein
ja, und habt ihr keine Flügel,
nie gelangt ihr bis ans Tor
denn es liegt ein breiter Hügel
ganz von Pflaumenmus davor.

AUGUST HEINRICH HOFFMANN VON FALLERSLEBEN (1798–1874)

DER GESANG
DER VEGETARIER

Ein alkoholfreies Trinklied (Melodie »Immer langsam voran«)

Wir essen Salat, ja wir essen Salat
Und essen Gemüse von früh bis spat.
Auch Früchte gehören zu unsrer Diät.
Was sonst noch wächst, wird alles verschmäht.
Wir essen Salat, ja wir essen Salat
Und essen Gemüse von früh bis spat.

Wir sonnen den Leib, ja wir sonnen den Leib,
Das ist unser einziger Zeitvertreib.
Doch manchmal spaddeln wir auch im Teich,
Das kräftigt den Körper und wäscht ihn zugleich
Wir sonnen den Leib und wir baden den Leib,
Das ist unser einziger Zeitvertreib.

Wir hassen das Fleisch, ja wir hassen das Fleisch
Und die Milch und die Eier und lieben keusch.
Die Leichenfresser sind dumm und roh,
Das Schweinevieh – das ist ebenso.
Wir hassen das Fleisch, ja wir hassen das Fleisch
Und die Milch und die Eier und lieben keusch.

Wir trinken keinen Sprit, nein wir trinken keinen Sprit,
Denn der wirkt verderblich auf das Gemüt.
Gemüse und Früchte sind flüssig genug,
Drum trinken wir nichts und sind doch sehr klug.
Wir trinken keinen Sprit, nein wir trinken keinen Sprit,
Denn der wirkt verderblich auf das Gemüt.

Wir rauchen nicht Taback, nein wir rauchen nicht Taback,
Das tut nur das scheußliche Sündenpack.
Wir setzen uns lieber auf das Gesäß
Und leben gesund und naturgemäß.
Wir rauchen nicht Taback, nein wir rauchen nicht Taback,
Das tut nur das scheußliche Sündenpack.

Wir essen Salat, ja wir essen Salat
Und essen Gemüse von früh bis spat.
Und schimpft ihr den Vegetarier einen Tropf,
So schmeißen wir euch eine Walnuss an den Kopf.
Wir essen Salat, ja wir essen Salat
Und essen Gemüse von früh bis spat.

Erich Mühsam (1878–1934)

DER AROMAT

Angeregt durch Korfs Geruchs-Sonaten,
gründen Freunde einen »Aromaten«.

Einen Raum, in welchem, kurz gesprochen,
nicht geschluckt wird, sondern nur gerochen.

Gegen Einwurf kleiner Münzen treten
aus der Wand balsamische Trompeten,

die den Gästen in geblähte Nasen,
was sie wünschen, leicht und lustig blasen.

Und zugleich erscheint auf einem Schild
des Gerichtes wohlgetroffnes Bild

Viele Hunderte, um nicht zu lügen,
speisen nun erst wirklich mit Vergnügen.

CHRISTIAN MORGENSTERN (1871–1914)

GERÜCHTE
UM GERICHTE

Es gibt Gerüchte,
dass Hülsenfrüchte
in Mengen genommen
nicht gut bekommen.
Das macht ja nichts,
ich find das fein!
Warum soll man nicht auch mal
ein Blähboy sein!

HEINZ ERHARDT (1909–1979)

DIE PFARRERS-KÖCHIN

Die Pfarrersköchin schwenkt die Pfanne,
der Teig verteilt sich mit Gezisch.
Hier wartet Eiweiß, Lauch und Fisch,
der Rahm in der Emaillekanne.

Geruch von Rauch und von Gewürzen,
die Köchin schwitzt im Feuerschein.
Die Gartenarbeit fällt ihr ein.
Die rote Grütze muß sie stürzen.

Sie scheucht die Fliege aus dem Haar
und von den frischgetünchten Mauern.
Der Regen draußen wird nicht dauern.
Wie schnell verging das letzte Jahr!

Der Mesner zieht die Glockenschnur,
im Echo schwingt das Netz der Spinnen.
Unhörbar mahnt im Niederrinnen
der rote Sand der Eieruhr.

GÜNTER EICH (1907–1972)

VOM HERING

Der Hering ist ein salzig Tier.
Er kommt an vielen Orten für.
Wer Kopf und Schwanz kriegt, hat kein Glück.
Am besten ist das Mittelstück.

Es gibt auch eine saure Art;
in Essig wird sie aufbewahrt.
Geräuchert ist er alle Zeit
ein Tier von großer Höflichkeit.

Wer niemals einen Hering aß,
wer nie durch ihn von Qual genas,
wenn er mit Höllenpein erwacht,
der kennt nicht seine Zaubermacht!

Drum preiset ihn zu jeder Zeit,
der sich der Menschheit Wohl geweiht,
der heilet, was uns elend macht,
dem Hering sei ein Hoch gebracht.

HEINRICH SEIDEL (1842–1906)

HERZENSKRITIK

Es wird mit Recht ein guter Braten
Gerechnet zu den guten Taten;
Und dass man ihn gehörig mache,
Ist weibliche Charaktersache.

Ein braves Mädchen braucht dazu
Mal erstens reine Seelenruh,
Dass bei Verwendung der Gewürze
Sie sich nicht hastig überstürze.

Dann zweitens braucht sie Sinnigkeit,
Ja, sozusagen Innigkeit,
Damit sie alles appetitlich,
Bald so, bald so und recht gemütlich
Begießen, drehn und wenden könne,
Dass an der Sache nichts verbrenne.

In Summa braucht sie Herzensgüte,
Ein sanftes Sorgen im Gemüte,
Fast etwas Liebe insofern,
Für all die hübschen, edlen Herrn,
Die diesen Braten essen sollen
Und immer gern was Gutes wollen.

Ich weiß, dass hier ein jeder spricht:
Ein böses Mädchen kann es nicht.
Drum hab' ich mir auch stets gedacht
Zu Haus und anderwärts:
Wer einen guten Braten macht,
Hat auch ein gutes Herz.

WILHELM BUSCH (1832–1908)

OCHSENSCHWANZ-
GEDICHT

Ein Ochsenschwanz hat drei Funktionen:
Zunächst soll er das Rindvieh schonen,
Als Fächer oder Wedel dienen
Zum Schutz vor Bremsen oder Bienen,

Zum zweiten soll er auch noch zieren
Und, falls die Ochsen sich genieren,
Gewisse Stellen überdecken,
Die nicht nur Ochsen gern verstecken.

Und wandert er dann mit dem Ochsen
Zum Endspurt in die Schlachthausboxen,
Dann kommt er damit nach der Häutung
Zur letzten höheren Bedeutung.

Nun sieht, ein Sonderfall bei Schwänzen,
Man ihn auf Speisekarten glänzen.
Es braucht ihn niemand zu bedauern
Und seinem Dasein nachzutrauern;
Im Leben war er hintendran,
Hier steht er meistens obenan
Und wird als Suppe vor dem Essen
Nach seinem inneren Wert bemessen.
Insofern ist er, streng genommen,
Zu Ehre nun und Ruhm gekommen.

Man wird ihn drum – vor allem Schwänzen,
Mit Lorbeer würzen und umkränzen.
So geht es manchmal auf der Welt;
Wer lebend hinten runterfällt,
Wird oft im Tode hochverehrt –
Doch schöner wär' es umgekehrt.

RUDOLF HAGELSTANGE (1912–1984)

SEI MIR GE-GRÜSST, MEIN SAUERKRAUT

(…)

Der Tisch war gedeckt. Hier fand ich
die altgermanische Küche.
Sei mir gegrüßt, mein Sauerkraut,
holdselig sind deine Gerüche.

Gestovte Kastanien im grünen Kohl,
so aß ich einst bei der Mutter!
Ihr heimischen Stockfische, seid mir gegrüßt,
wie schwimmt ihr klug in der Butter.

Jedwedem fühlenden Herz bleibt
das Vaterland ewig teuer.
Ich liebe auch recht braun geschmort
die Bücklinge und Eier.

Wie jauchzen die Würste in spritzendem Fett!
Die Krammtesvögel, die frommen
Englein mit Apfelmus,
die zwitschern mir: »Willkommen!«

(…)

AUS: DEUTSCHLAND, EIN WINTERMÄRCHEN, CAPUT IX
HEINRICH HEINE (1797–1856)

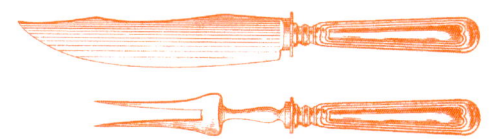

FRÖHLICH VOM FLEISCH ZU ESSEN

Fröhlich vom Fleisch zu essen, das saftige Lendenstück
Und mit dem Roggenbrot, dem ausgebackenen, duftenden
Den Käse vom großen Laib und aus dem Krug
Das kalte Bier zu trinken, das wird
Niedrig gescholten, aber ich meine, in die Grube gelegt werden
Ohne einen Mundvoll guten Fleisches genossen zu haben
Ist unmenschlich, und das sage ich, der ich
Ein schlechter Esser bin.

BERTOLT BRECHT (1898–1956)

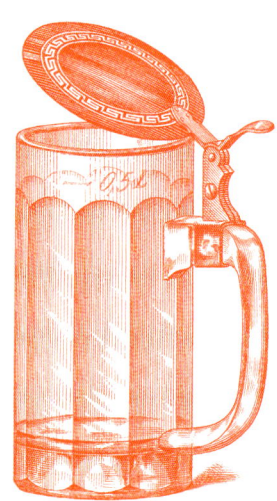

DAS SCHNITZEL

Ein Mensch, der sich ein Schnitzel briet,
Bemerkte, daß ihm das mißriet.
Jedoch, da er es selbst gebraten,
Tut er, als wär' es ihm geraten,
Und, um sich nicht zu strafen Lügen,
Ißt er's mit herzlichem Vergnügen.

Eugen Roth (1875–1976)

CURRYWURST

gehse inne stadt
wat macht dich da satt
'ne currywurst

kommse vonne schicht
wat schönret gibt et nich
als wie currywurst,

mit pommes dabei
ach, dann gebense gleich zweimal
currywurst

bisse richtig down
brauchse wat zu kaun
'ne currywurst

willi, komm geh mit,
ich krieg appetit
auf currywurst

ich brauch wat in bauch
für mein schwager hier auch
noch ne currywurst

willi, is dat schön
wie wir zwei hier stehn
mit currywurst

willi, wat is mit dir
trinkse noch n'bier
zur currywurst

kerl scharf ist die wurst
mensch dat gibt'n durst,
die currywurst

bisse dann richtig blau
wird dir ganz schön flau
von currywurst

rutscht dat ding dir aus,
gehse dann nach haus
voll currywurst

aufm hemd auffer jacke
kerl wat is das ne k…
alles voll currywurst

komm willi
bitte, bitte, komm geh mit nach hause,
hörma ich kriegse wenn ich so nach hause komm
willi, willi, bitte, du bisn kerl nach mein geschmack
willi, willi komm geh mit, bitte willi

HERBERT GRÖNEMEYER (GEB. 1956)

SCHWEINE-
PHILOSOPHIE

Wir Schweine sind seit alter Zeit,
die weißen wie die schwarzen,
das Sinnbild der Beschaulichkeit,
ob mit – ob ohne Warzen.
Nur wer für seinen Bauch gelebt,
der hat für uns Verständnis.
Das Schwein irrt nie – weil es nicht strebt,
darin liegt die Erkenntnis.
Das Leben ist ein Ringelspiel,
es dreht sich selbst im Kreise.
Wer nichts tut – der tut schon nicht viel.

Wer gar nichts tut, ist weise.
Vom Müßiggang sich auszuruhn,
das heißt, die Zeit verprassen.
Man kann im Leben sehr viel tun –
doch noch mehr – unterlassen.
Wir säen nicht, wir ernten nur,
damit wir gut geraten.
Wir sind bestimmt von der Natur
zu Schinken, Wurst und Braten.
Ein Schwein nimmt jeden Schmutz in Kauf
und denkt: Jedem das Seine.
Das Schwein isst keinen Menschen auf.
Der Mensch verspeist uns Schweine.

FRED ENDRIKAT (1890–1942)

REZENSENT

Da hatt ich einen Kerl zu Gast
Er war mir eben nicht zur Last;
Ich hatt just mein gewöhnlich Essen,
Hat sich der Kerl pumpsatt gefressen,
Zum Nachtisch, was ich gespeichert hatt'.
Und kaum ist mir der Kerl so satt,
Tut ihn der Teufel zum Nachbar führen,
Über mein Essen zu räsonieren:
»Die Supp hätt können gewürzter sein,
Der Braten brauner, firner der Wein.«
Der Tausendsakerment!
Schlagt ihn tot, den Hund! Es ist ein Rezensent.

JOHANN WOLFGANG VON GOETHE (1749–1832)

EIN ERLEBNIS KANTS

Eines Tages geschah es Kant,
daß er keine Worte fand.

Stundenlang hielt er den Mund,
und er schwieg nicht ohne Grund.

Ihm fiel absolut nichts ein,
drum ließ er das Sprechen sein.

Erst als man ihn zum Essen rief,
wurd' er wieder kreativ,

und er fand die schönen Worte:
»Gibt es hinterher noch Torte?«

ROBERT GERNHARDT (1937–2006)

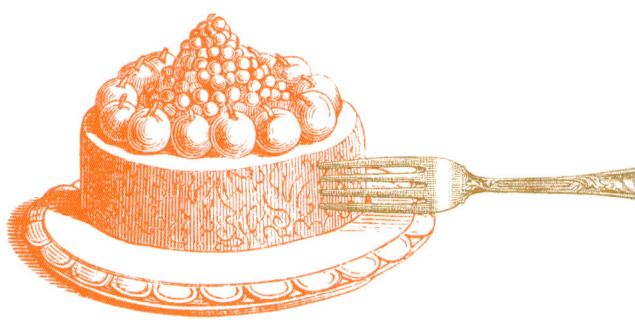

HONIGKUCHEN

Eine Freundin
backt mir Honigkuchen
Er duftet nach Mutter
schmeckt nach Kindheit
die blüht noch in mir
Bienen trinken Blütensaft
die tote Mutter
schaukelt mein Bett
und singt alte Kinderlieder
Eine Scheibe Honigkuchen
verwandelt die Welt

ROSE AUSLÄNDER (1901–1988)

PUDDING

Dämmrung war es, als Adele
Mit dem Freunde ihrer Seele,
Der so gerne Pudding aß,
Traulich bei der Tafel saß.
»Pudding«, sprach er, »ist mein Bestes!«
Drum zum Schluss des kleinen Festes
Steht der wohlgeformte große
Pudding mit der roten Soße
Braun und lieblich dampfend da,
Was der Freund mit Wonne sah.

Aus: Fips, der Affe, 4. Kapitel
Wilhelm Busch (1832–1908)

FRANKFURTER BRENTEN

Mandeln erstlich, rat' ich dir,
Nimm drei Pfunde, besser vier (Im Verhältnis nach Belieben);
Diese werden nun gestoßen
Und mit ordinärem Rosenwasser feinstens abgerieben.

Je aufs Pfund Mandeln akkurat
Drei Vierling Zucker ohne Gnad'!
Denselben in den Mörsel bring',
Hierauf ihn durch ein Haarsieb schwing.

Von deinen irdenen Gefäßen
Sollst du mir dann ein Ding erlesen,
Was man sonst eine Kachel nennt,
Doch sei sie neu zu diesem End'!
Drein füllen wir den ganzen Plunder
Und legen frische Kohlen unter.

Jetzt rühr' und rühr' ohn' Unterlass,
Bis sich verdicken will die Mass',
Und rührst du eine Stunde voll!
Am eingetauchten Finger soll
Das Kleinste nicht mehr hängen bleiben;
So lange müssen wir es treiben.

Nun aber bringe das Gebrodel
In eine Schüssel (der Poet,
Weil ihm der Reim vor allem geht,
Will schlechterdings hier einen Model,
Indes der Koch auf ersterer besteht.)

Darinne drück's zusammen gut!
Und so hat es über Nacht geruht,
Sollst du's durchkneten Stück für Stück,
Auswellen messerrückendick.
(Je weniger Mehl du streuest ein,
Um desto besser wird es sein.)

Alsdann in Formen sei's geprägt,
Wie man bei Weingebacknem pflegt;
Zuletzt – das wird der Sache frommen –
Den Bäcker scharf in Pflicht genommen,
Dass sie schön gelb vom Ofen kommen!

Eduard Mörike (1804–1875)

TRAUBEN, DIE ESS' ICH GERN

Trauben, die ess' ich gern,
Das kannst du glauben,
Süßer als Mandelkern
Schmecken die Trauben.

Trauben hol mir geschwind,
Hole mir Trauben.
Dass sie gegessen sind,
Kann ich nicht glauben.

Mutter, an dem Spalier
Und an den Lauben,
Überall, da und hier
Gibt es noch Trauben.

Trauben, die ess ich gern,
Das kannst du glauben,
Süßer als Mandelkern
Schmecken die Trauben.

AUGUST HEINRICH HOFFMANN VON FALLERSLEBEN (1798–1874)

55

DER BRATAPFEL

Kinder, kommt und ratet,
was im Ofen bratet!
Hört, wie's knallt und zischt.
Bald wird er aufgetischt,
der Zipfel, der Zapfel,
der Kipfel, der Kapfel,
der gelbrote Apfel.

Kinder, lauft schneller,
holt einen Teller,
holt eine Gabel!
Sperrt auf den Schnabel
Für den Zipfel, der Zapfel,
den Kipfel, den Kapfel,
den goldbraunen Apfel.

Sie pusten und prusten,
sie gucken und schlucken,
sie schnalzen und schmecken,
sie lecken und schlecken
den Zipfel, den Zapfel,
den Kipfel, den Kapfel,
den knusprigen Apfel.

VOLKSGUT

PUNSCHLIED

Vier Elemente,
innig gesellt,
bilden das Leben,
bauen die Welt.

Presst der Zitrone
saftigen Stern!
Herb ist des Lebens
innerster Kern.

Jetzt mit des Zuckers
linderndem Saft
zähmet die herbe
brennende Kraft.

Gießet des Wassers
sprudelnden Schwall,
Wasser umfänget
ruhig das All.

Tropfen des Geistes
gießet hinein!
Leben dem Leben
gibt er allein.

Eh' es verdüftet,
schöpfet es schnell.
Nur, wenn er glühet,
labet der Quell.

FRIEDRICH SCHILLER (1759–1805)

DER ABEND-
SCHMAUS

(…)

Sechs Gerichte standen an jeglichem Ende der Tafel
Zierlich gestellt, die kalt, und jene brätelnd auf heißen
Silbergefassten Scheiben von Marmor; neben dem Aufsatz
Standen französische Frücht' und Salate, Trabanten des Bratens.
Schweigend atmeten wir; da neigte Madam sich, und sagte:

»Meine Herren und Damen, Sie sehn hier alles mit einmal.
Nehmen Sie gütig vorlieb mit meiner geringen Bewirtung.«

Sprach's, und zerschnitt den Fasan, mit indischen Vogelnestern,
Wie man erzählte, gewürzt und Azia. Hurtig verteilte
Diesen ein bunter Lakai rangmäßig den Damen und Herren.
Und ein anderer fragte, wer Pontak, sechziger Rheinwein,
Oder Burgunder beföhle, und brachte jedem sein Fläschchen.
Jetzo gab ein Lakai uns reine Teller, und reichte
Junge Kalkuten herum, mit scharfem batavischem Soja.
Hierauf reichte dieser die weingesottenen Schmerlen;
Jener den Kabliau, mit Austerbrühe bereitet.
Aber eine Mamsell, die keuchend den Fächer bewegte,
Traf dem Lakai mit der Feder des babylonischen Haarturms
Grad in das Aug, und ach! die Austern umschwammen ihr seidnes

Feuerfarbenes Kleid. Da entstand ein gewaltiger Aufruhr!
Doch bald stillte diesen ein fett Spanferkel in Gallert.
Froher beäugelt selbst kein Naturaliensammler
Durch die Brille den Wurm im künstlich geschliffenen Bernstein,
Als wir Gäste das Ferkel im helldurchsichtigen Gallert.

(…)

Gierig besah sie der Arzt in dicker Wolkenperücke,
Der sich hinter dem Tuch zahnstocherte, schmeckte mit Anstand,
Und nun mummelt' er dumpf aus vollen käuenden Backen:

»Meine Herren und Damen, das nenn ich vortreffliche Mischung!

Welch ein Geschmack in dem Fleische, den Nägelein,
        Schwämmen und Trüffeln,
Pfeffer, Oliven, Muskat, Pistazien, Morcheln und Knoblauch!
Freilich erhitzt das Gewürz die jungen Weiber ein wenig;
Aber der Herr Gemahl geb ihnen Salpeter und Weinstein.«

Also sprach er, da scholl ein überlautes Gelächter.
Hierauf kam das Gemüs: als Bohnen, junge Karotten,
Erbsen und Blumenkohl mit Artischocken und Krebsen;
Frische Heringe, Lachs und Hummer begleiteten diese.
Hierauf gingen die Rund' ein braun und ein weißes Gemengsel:
Rüssel und Ohren vom Schwein, Hahnkämme, Zungen von
        Lämmern,
Kälberbrissel und Ochsengaum, mit Pingeln und Kappern.
Hierauf kam der Rücken des Rehbocks, welchen ein Förster
Vom Blocksberge gesandt. Ein erzgebürgischer Berghahn
Ging dann herum, als Führer des Ortolanengeschwaders;
Sein rotkammiger Kopf lag abgeschnitten am Rande.
Auch die Trabanten rückten heran: Tolläpfel, Oliven,
Weißlicher Kopfsalat, Endivien, Beete, Sardellen,
Überzuckertes Obst, und Gurken mit barschem Orego.

Jetzo verschob der Arzt die hitzende Wolkenperücke,
Trocknete Finger und Maul, und tiefaufatmend begann er:

»Wahrlich! man kann doch viel der Gottesgaben genießen,
Wenn man sich Zeit lässt! Phh! Ich muss die Weste mir lösen!
Nun es lebe der Herr Wohltäter und seine Gemahlin!«

Also sprach er, da klangen die vollen Gläser zusammen.

(…)

JOHANN HEINRICH VOSS (1751–1826)

Magen
Bitter

RESTAURATION

Das süße Zeug ohne Saft und Kraft!
Es hat mir all mein Gedärm erschlafft.
Es roch, ich will des Henkers sein,
wie lauter welke Rosen und Kamilleblümelein.

Mir ward ganz übel, mauserig, dumm,
lief in den Garten hinterm Haus,
zog einen herzhaften Rettich aus.
Fraß ihn auch auf bis auf den Schwanz.
Da ward ich wieder frisch und genesen ganz.

EDUARD MÖRIKE (1804–1875)

DIE MITTAGS-
ZEITUNG

Korf erfindet eine Mittagszeitung,
welche, wenn man sie gelesen hat,
ist man satt.

Ganz ohne Zubereitung
irgendeiner andern Speise.
Jeder auch nur etwas Weise
hält das Blatt.

Christian Morgenstern (1871–1914)

VERLAGSGRUPPE PATMOS

PATMOS
ESCHBACH
GRÜNEWALD
THORBECKE
SCHWABEN

Die Verlagsgruppe
mit Sinn für das Leben

Alle Rechte vorbehalten
© 2014 Jan Thorbecke Verlag der Schwaben-
verlag AG, Ostfildern
www.thorbecke.de

Umschlaggestaltung: Finken & Bumiller,
Stuttgart
Gestaltung und Illustrationen: Saskia
Bannasch, Finken & Bumiller
Druck: Firmengruppe APPL, Wemding
Hergestellt in Deutschland
ISBN 978-3-7995-0569-7

Textnachweis

S. 4: © S.Fischer Verlag GmbH, Frankfurt am
Main 1997; S. 7: © 1963 by Wolf Biermann;
S. 11: © Piper Verlag, München; S. 18:
© 2003 Deutscher Taschenbuch Verlag,
München; S. 22: Eva Strittmatter Nisami! aus:
E. Str.: Sämtliche Gedichte, Aufbau Verlag,
2006 (Das Gedicht erschien erstmal 1988
in Eva Strittmatters Gedichtband Atem ©
Aufbau Verlag GmbH & Co. KG Berlin 1988,
2008); S. 34: Aus: Das große Heinz Erhardt
Buch, © 2009 Lappan Verlag Oldenburg;
S. 35: Suhrkamp (Günter Eich); S. 38: Rudolf
Hagelstange, © Regine Stolzke, Dreieich;
S. 42: Suhrkamp (Bertolt Brecht); S. 43: Carl
Hanser Verlag; S. 44: Grönland Deutschland
GmbH; S. 49: © Dr. Almut Gehebe-Gernhardt;
S. 50: © S. Fischer Verlag GmbH, Frankfurt
am Main 1984